AF359458

LE
SAINT SUAIRE
DE CHAMBÉRY

A SAINTE-CLAIRE-EN-VILLE

(AVRIL-MAI 1534)

PAR

M. l'Abbé LÉON BOUCHAGE

Aumônier de la Maison Mère des Sœurs de Saint-Joseph de Chambéry
Membre de l'Académie de Savoie et de l'Académie Salésienne

———

Etude ornée d'une zincotypie du S. Suaire de Clovio

CHAMBÉRY, IMPRIMERIE C. DRIVET

——

MDCCCXCI

LE SAINT SUAIRE DE CHAMBÉRY

A SAINTE-CLAIRE-EN-VILLE

LE SAINT SUAIRE ET JÉSUS AU SÉPULCRE

Tableau de J. Clovio. (Pinacothèque de Turin.)

LE
SAINT SUAIRE
DE CHAMBÉRY

A SAINTE-CLAIRE-EN-VILLE

(AVRIL-MAI 1534)

PAR

M. l'Abbé LÉON BOUCHAGE

Aumônier de la Maison Mère des Sœurs de Saint-Joseph de Chambéry
Membre de l'Académie de Savoie et de l'Académie Salésienne

Etude ornée d'une zincotypie du S. SUAIRE de Clovio

CHAMBÉRY, IMPRIMERIE C. DRIVET

MDCCCXCI

IMPRIMATUR.

Camberii, die 27 Februarii 1891.

† Franciscus Salesius Albertus,

Archiep. Camber.

LE SAINT SUAIRE DE CHAMBÉRY

A SAINTE-CLAIRE-EN-VILLE

(Avril-Mai 1534)

*« Et accepto corpore, Joseph involvit illud
in Sindone mundâ. »* (Matth. xxvii, 59.)

I

J'ai l'honneur d'offrir au Congrès une page *inédite* de l'histoire du Saint Suaire de Chambéry, aujourd'hui conservé à Turin : je veux dire le récit des réparations faites à cette précieuse Relique, en 1534, par les religieuses de Sainte-Claire-en-Ville (1), après l'incendie de la Sainte Chapelle du Château de Chambéry.

Si j'adressais ce mémoire à des hommes moins connaisseurs de l'histoire, j'aurais besoin de rappeler ici que le Suaire dont je viens vous entretenir est non seulement le même linceul que Joseph d'Arimathie

---

(1) Le monastère des religieuses de Sainte-Claire-en-Ville, ainsi nommées pour les distinguer des Clarisses hors-Ville, était situé près de la place Octogone, entre les rues de Boigne et Vieille-Monnaie. Il y a quelques années, la rue Vaugelas, qui relie les rues de Boigne et Vieille-Monnaie, s'appelait encore rue Sainte-Claire.

acheta pour ensevelir Notre-Seigneur, mais encore le seul
qui, par son contact immédiat avec sa chair sanglante, ou
par un miracle, reçut l'empreinte de ses membres et nous
conserva l'image fidèle de son corps. Je devrais même
ajouter que, recueilli et vénéré par la Très Sainte Vierge,
il fut légué par elle à l'église de Jérusalem où, malgré
l'effroyable persécution des Iconoclastes, nous le trou-
vons, huit siècles plus tard, parmi les insignes reliques
dont saint Jean Damascène fait mention. Mais vous
savez cela ; d'autant plus qu'après de nombreux auteurs,
anciens et contemporains, MM. de Jussieu et Ducis, nos
savants archivistes, ont aussi traité ce point d'histoire (1).

Vous savez donc, Messieurs, que, par suite des Croi-
sades, le Saint Suaire de Notre-Seigneur aurait été donné
par le Grand-Maître des Hospitaliers de Jérusalem à
l'illustre croisé Amédée III, comte de Savoie, vers le
commencement du XIIe siècle ; que celui-ci en confia la
garde aux de Lusignan du Poitou, pour lors maîtres de
l'île de Chypre, et que Geoffroy de Charny, envoyé par
le pape Jean XXII au secours de cette île contre les
Musulmans, se le fit octroyer en récompense de ses ser-
vices, puis l'apporta en Bourgogne, où il lui érigea une
chapelle dans sa terre de Lirey, en 1353.

Vous savez aussi que, un siècle plus tard (1453), et
grâce à la libéralité de Marguerite de Charny, il devint la
propriété de Louis, duc de Savoie, qui le déposa en sa ville

------

(1) Voir Pingon, *Syndon Evangelica*, 1581. — Chifflet, *De
linteis sepulcralibus Christi*, 1629. — Caluso, *La SS. Sindone*,
1885. — De Jussieu, *La Sainte Chapelle... de Chambéry*, 1869. —
Ducis, *Le Saint Suaire à Annecy*, 1883 ; etc.

de Chambéry, à l'église des Cordeliers (cathédrale actuelle), où il resta jusqu'au 11 juin de l'année 1502, date de sa translation solennelle en la chapelle du Château, dès lors appelée à bon droit : *la Sainte Chapelle.*

Le Saint Suaire n'était là que depuis trente ans, quand éclata le terrible incendie qui faillit le réduire en cendres, et à l'occasion duquel j'ai l'avantage de vous faire la présente communication.

II

C'était le 4 décembre 1532, au matin, le feu prit aux stalles des chanoines et des chantres. En un instant il acquit une telle intensité que, avant même que les habitants du Château ne se fussent aperçus du sinistre, il avait fait éclater les marbres du maître-autel et gagné la sacristie. La foule accourut. Une seule pensée la préoccupait : sauver le Saint Suaire.

Le conseiller et gentilhomme de chambre du duc Charles III, Philibert de Lambert, accompagné de deux religieux Cordeliers et de plusieurs serruriers (Capré dit : un gentilhomme, Guillaume Pussode), se dévouèrent pour le sauver.

Avec un courage très grand, ils s'élancent dans la chapelle, à travers un tourbillon de flammes, rompent le treillis de fer qui fermait le chœur, s'enfoncent dans la sacristie embrasée, et arrachent d'une armoire tout en feu la châsse à demi fondue déjà, qui renfermait la Relique. Puis ils traversent à nouveau le chœur au milieu des stalles flambantes, et sont assez heureux pour regagner la place intérieure du Château.

Chacun pensait trouver en cendres le Très Saint Suaire ; mais, à l'admiration de tous, lorsque les braves qui venaient de le ravir à l'incendie l'eurent sorti de sa châsse et déployé aux regards de la foule émue, on constata qu'il était intact, sauf quelques points où le feu l'avait noirci et légèrement rompu. Et pendant qu'on l'emportait au *Trésor* du Château, la nouvelle de sa préservation, jugée miraculeuse même par les écrivains, se répandit dans la ville et les environs, non sans augmenter beaucoup la vénération et la confiance publiques à son égard.

III

Cependant les hérétiques nouveaux, ennemis déclarés des saintes Reliques, saisirent avec empressement la nouvelle de l'incendie de la Sainte Chapelle pour essayer de ruiner, dans le peuple savoyard et chez les pèlerins circonvoisins, la dévotion au Saint Suaire de Chambéry.

N'écoutant que la malice de leurs désirs, ils se persuadèrent, soi-disant, que l'auguste Relique avait péri dans les flammes, et répandirent partout le bruit de cette fausse nouvelle. « Le Suaire que l'on montre n'est plus celui d'autrefois, disaient-ils : c'est une copie habilement faite, et rien de plus. » Et, comme le mensonge a le don de séduire bien des simples, la prétendue destruction du vrai Suaire prenait du crédit. Tellement que le Duc se vit obligé de provoquer une reconnaissance indéniable de la vénérable Relique.

Il s'adressa au Pape dans ce dessein, le priant de nommer un évêque pour rétablir solennellement l'identité du Saint Suaire de Chambéry. Clément VII acquiesça volontiers à cette demande de Charles III, comme en fait foi le Bref que nous donnons ci-dessous dans sa teneur (1), et dont nous extrayons l'analyse suivante :

Il délégua, pour cette commission, son Légat *a latere deçà les monts*, le cardinal Louis de Gorrevod, évêque de Maurienne. Par son Bref en date du 28 avril 1533, — et non du 8 avril 1534, comme le dit M. de Jussieu, induit en erreur lui-même par Besson, — le Souverain Pontife ordonnait en substance deux choses à son Légat : 1º reconnaître si, *oui* ou *non*, le Saint Suaire avait été préservé de l'incendie ; 2º le faire réparer par des religieuses de son choix, dans le cas où il aurait souffert du feu.

------

(1) Ludovico titulo S. Cæsarei Presbytero Cardinali Nostro et Apostolicæ Sedis Legato de latere.

Accepimus quod alias Cappella Sancta nuncupata Castri Camberiaci Gratianopolitanæ Diœcesis in qua Pannum Sindon nuncupata Salvatoris nostri Jesu Christi, ut pie creditur, erat reconditum, incendio accensa, Pannum prædictum quadam celeri excursione ex incendio hujusmodi, divina cooperante gratià, extitit sublevatum. Cupientes itaque omnibus Christifidelibus qui forsan putant Pannum hujusmodi in incendio prædicto omnino fuisse consumptum, illius præservationem, si omnino vera sit, innotescere ne ipsorum Christifidelium devotio tepescat, circumspectioni tuæ per præsentes committimus, ut de præmissis te diligenter informes, et si Pannum prædictum a dicto incendio præservatum repereris, id in loco ad hoc congruenti, et honesto recondi, et cum debita veneratione teneri et custodiri ; et si forte ipsum Pannum ex hujusmodi incendio aliquam læsionem passum fuerit, id ab aliquibus Religiosis mulieribus arbitrio tuo eligendis resarciri facias.

Datum Romæ die 28 aprilis 1533, Pontificatus nostri anno X.

(Archives royales de Turin.)

IV

Le Cardinal s'aquitta de son mandat le 15 avril de l'année suivante 1534, et conclut à la parfaite identité du Saint Suaire. Avant de vous raconter, Messieurs, dans quelles circonstances pleines d'intérêt se firent et la reconnaissance et la réparation de la précieuse Relique, je ferai observer que cette reconnaissance, on ne peut plus solennelle et notoire, entreprise par ordre du Pape et effectuée par une commission vénérable, sous les yeux du Duc, n'empêcha pas les hérétiques de continuer à dire : le Saint Suaire a péri dans le feu.

C'est ainsi que, dix ans plus tard, Calvin lui-même, qui commençait à se mettre en vue, couvrit ce mensonge de son autorité naissante. Il affirma obliquement, dans son *Traité des Reliques*, que le Saint Suaire, conservé depuis dans le Trésor du Château de Chambéry, avait été peint de main d'homme, qu'il était par conséquent faux, et que non moins ridicule était la dévotion qu'on y avait. Quelque triste que soit une aussi audacieuse allégation, nous la reproduirons en ses propres termes :

« Il est temps de traicter du Suaire, dit Calvin...., il y a une demy douzaine de villes, pour le moins, qui se vantent d'avoir le Suaire de la sépulture tout entier : comme Nice, celuy qui a esté transporté là de Chambéry...

« Qui plus est, ilz ont bien monstré qu'ils avoyent les painctres à commandement. Car, quand un Suaire a esté bruslé, il s'en est tousjours trouvé un nouveau de lendemain. On disoit bien que c'estoit cestuy-la mesme qui avoit esté au paravant, *lequel s'estoit par miracle sauvé du feu* (1); mais la paincture estoit si fresche, que le mentir n'y valoit rien, s'il y eust eu des yeux pour regarder. » (*Traité des Reliques*, par M. Jehan Calvin, 1re édition, Genève, 1543.)

Heureusement pour votre patience à m'écouter, je n'entreprendrai pas, Messieurs, d'opposer à ce mensonge toutes les réponses péremptoires que la saine critique pourrait y faire, ce serait en effet bien long.

Arrivons donc aux circonstances dans lesquelles le Saint Suaire fut reconnu et réparé.

V

J'ai dit que cette reconnaissance officielle eut lieu le 15 avril 1534. Le cardinal Louis de Gorrevod (2), s'étant

---

(1) La phrase soulignée manque dans l'édition latine. — Note de M. Eug. Ritter, à l'obligeance duquel je dois en outre le passage de Calvin, cité dans le texte ci-dessus.

(2) Touchant la dévotion du Cardinal de Gorrevod envers le Saint Suaire, voici une note intéressante extraite d'un manuscrit du château de Tournon, qui nous a été communiquée par M. le chanoine Ducis :

« 1514, 7 mai, Louis de Gorrevod, évêque et prince de Mau-
« rienne, chanoine et chantre de Genève, commandeur perpétuel
« de l'abbaye d'Ambronay, mû de dévotion envers le Saint
« Suaire dans lequel le corps du Sauveur a été enveloppé et sur
« lequel il a laissé l'impression de son corps, et dont la fête et
« l'office ont été confirmés par N. S. P. le Pape Jules II, à la
« demande de Charles, duc de Savoie, ayant pour orateur et
« solliciteur l'évêque Gorrevod, celui-ci a fondé la solennité du
« *S. Syndon*, au même titre que les autres solennités, de ses
« biens personnels, et donné au Chapitre de Genève, entre les

transporté à Chambéry, se rendit au Château, accompagné de NN. SS. Claude de Stagniac, évêque d'Embrun ; Pierre Meynard, évêque de Belley ; Pierre Farfecy, évêque de Baruti, et d'un nombre considérable d'autres témoins de distinction. Tous les membres de la Commission étant présents, il tira du Trésor le Saint Suaire, le déploya dans toute son étendue et le présenta à l'examen de tous. Après l'avoir examiné minutieusement, le Cardinal, les Evêques et les autres témoins déclarèrent, avec serment, que le Suaire qu'ils avaient sous les yeux était bien vraiment le Saint Suaire qu'ils avaient vu et vénéré avant l'incendie.

On dressa, le même jour, un acte de cette déclaration. Dans ce document, le Cardinal affirme l'identité du Suaire en ces termes : *Et constat id quidem Pannum Sanctæ Sindonis esse quod ante dictum incendium.* Quant à l'état de conservation du Saint Suaire, il témoigne que l'on y voit sur les deux plis de droite et de gauche, et en douze en-

---

« mains de Pierre de Solliers, chanoine et grand ouvrier (*opera-*
« *rius,* économe) de Genève, 94 livres de Genève, en bons escus
« d'or au soleil, déposés au trésor, pour l'acquisition d'une
« rente de 94 sols annuels, a être distribués manuellement le
« jour de la célébration de la fête aux chanoines présents, sans
« rien donner aux absents, savoir : aux premières vêpres et
« complies, xx sols ; à matines aux premières paroles, xx sols ;
« à la procession et à la messe, x sols ; au célébrant de la
« grand'messe, xx sols ; aux diacre et sous-diacre, ii sols ; à
« none, xii sols, et aux dernières vêpres et complies, x sols.
« Aussitôt après complies, on devait faire une procession dans
« la Cathédrale, au sépulcre du Sauveur, jusqu'à la chapelle
« des Saints-Innocents, en chantant le répons *Sedit Angelus*
« avec les versets et l'oraison du jour. L'acte se termine par
« le dispositif pour la sépulture et l'anniversaire du fondateur. »

droits, une certaine noirceur produite par l'incendie. Il ajoute que sur l'un de ces douze points, il est encore résulté de l'action du feu un affaiblissement du tissu et même une rupture de l'étoffe, mais le tout en dehors de l'image du Sauveur, laquelle était demeurée intacte : « *Licet in duobus plicis a dextris et a sinistris appareat in duodecim locis ex dicto incendio certa nigredo, et in aliquo dictorum locorum ex dicto incendio aliquualis debilitatio et in ipsa nigredine fractura, extra tamen effigiem et impressionem Sudoris et Sanguinis Corporis Christi.* »

« Cela fait, dit Piano, qui a résumé tous les historiens de cette précieuse Relique, et que je traduis ici textuellement pour vous permettre, Messieurs, de rapprocher son récit de la version que je vous donnerai tout à l'heure, cela fait, le Cardinal porta le Saint Suaire en procession au monastère de Sainte-Claire, et, le déposant dans un oratoire, il fit raccommoder par quelques religieuses les parties que le feu avait endommagées. » « Chifflet, continue-t-il, nous a conservé les noms de ces religieuses, qui sont : Louise de Vergin, prieure du monastère ; Bertrande, vicaire ; Péronette Rosset, sacristine, — ici une parenthèse de l'auteur, qui croit voir dans Chifflet une erreur typographique, et qui propose cette version : *Peronetta e Rossetta Sagrestane,* Péronnette et Rosset, sacristines ; mais il se trompe, nous le verrons ; — Marie de Berre et Colette Rochette. » Enfin, il ajoute : « Ces religieuses avaient raconté, dans un style remarquable par sa très grande simplicité, tout ce qui fut fait en cette circonstance en l'honneur du Saint Suaire, mais leur récit s'est perdu : *Queste religiose aveano, in istile semplicissimo, narrato quanto in questa occasione erasi praticato*

*in onore della SS. Sindone; ma la loro narrazione si è
smarrita* (1). »

Or, ce récit égaré que Piano regrette de n'avoir pas
eu à sa disposition pour compléter son chapitre du Saint
Suaire après 1532, j'ai eu la bonne fortune de le trouver
dans une copie du siècle passé, que je n'hésite pas à regarder comme fidèle. Elle peut, en effet, défier impuné-
ment, vu l'ensemble des caractères d'authenticité qu'elle
possède, la critique la plus sévère.

Vous y retrouverez, Messieurs, cette simplicité de style
que relève l'auteur précité : *istile semplicissimo*. Vous y
lirez les noms des mêmes personnages que cite Piano
d'après Pingon, Chifflet et Capré, mais avec des détails
plus précis et beaucoup plus nombreux. Vous assisterez,
en lisant ce récit des religieuses, à une grande fête du
XVI° siècle, dans l'ancienne capitale de nos Ducs, décrite
par de *pauvres Clarisses*, comme elles s'appellent, mais
aussi par des témoins véridiques de ce qui s'est passé
dans leur propre communauté.

J'appélle d'avance votre attention sur la description du
Saint Suaire faite par ces saintes filles, après un examen
de quinze jours et plus, description certainement beaucoup plus intéressante que celle du peintre de Charles-
Emmanuel III, François Beaumont, 1750, et celles des auteurs modernes (2). La critique historique n'a pas toujours

---

(1) LAZZARO GIUSEPPE PIANO. *Comentarii sopra la SS. Sindone di N. S. Gesù Cristo venerata in Torino.* — Torino,
Bianco e Comp., 1833. T. II, l. VII, *Coment.* II, p. 200.

(2) Voir CIBRARIO, *Storia di Torino*, et Bosio, *Alcune memorie sulla sacratissima Sindone*, Torino, 1868.

l'heur d'entendre des témoins qui peuvent dire avec le grand voyant de Pathmos : « Ce que nous vous annonçons, nous l'avons vu de nos yeux, nous l'avons contemplé, nous l'avons touché de nos mains et nous vous l'attestons. »

Certes, Messieurs, vous êtes trop sérieux pour ne pas voir, à la simple lecture d'un document touchant de si près à la divinité même, que, si l'Archéologie nous donne souvent de rares et utiles découvertes, il est difficile qu'elle nous en offre de plus dignes d'intérêt. Je n'ajouterai rien, par conséquent, à ce grave document ; je me bornerai à vous déclarer que je l'ai mis en orthographe moderne, accompagné des quelques dates entre parenthèses, et que je le ferai suivre de plusieurs notes sur le Saint Suaire, par manière de conclusion.

VI

Récit des Religieuses Clarisses

Le quinzième d'avril (mercredi) de l'année mil cinq cent trente-quatre, le Sérénissime Duc de Savoie, et Monseigneur le Légat, nous envoyèrent, devant vèpres, messire Vesperis, trésorier de la Sainte-Chapelle, accompagné de quelques autres chanoines, pour nous avertir de nous tenir prêtes à recevoir le Très Saint Suaire, qu'on nous devait apporter pour le raccommoder aux endroits où le feu l'avait brûlé.

La Révérende Mère Abbesse, nommée Louise de Vargin, après les avoir remerciés, leur fit réponse, pour toute la Communauté, que nous étions prêtes d'obéir aux ordres de Son Altesse et du Légat, quoique nous fussions indignes d'être employées à une action si sainte que celle-là. Cependant, on orna le chœur le mieux qu'on put, où, après vêpres, on apporta la table sur laquelle on avait coutume de déployer la sainte Relique.

Le lendemain (jeudi 16 avril), sur les huit heures du matin, on fit une procession générale pendant que toutes les cloches sonnaient, en laquelle Monseigneur le Légat portait le Saint Suaire, suivi de Son Altesse, de Monseigneur l'Evêque de Belley et de M. le Suffragant, outre le notaire apostolique et plusieurs chanoines et ecclésiastiques et la principale noblesse du pays. Après l'avoir reposé quelque temps sur le grand autel de notre église, ils le portèrent dans le chœur, sur la table qu'ils avaient dressée pour l'étendre.

Nous le reçûmes en procession, les cierges allumés; on le déploya sur la table pour reconnaitre les endroits où il devait être raccommodé; et pour lors, M. le Légat demanda à tous les comtes et barons qui étaient présents, si ce n'était pas le même Suaire qu'ils avaient vu autrefois; lesquels, après l'avoir diligemment examiné de côté et d'autre, témoignèrent que c'était le même; dont les notaires apostoliques prirent acte, pendant que ceux-là firent place à d'autres gentilshommes, ecclésiastiques et prélats, qui furent de même interrogés.

Après cela, M. le Légat dit à notre Révérende Mère de choisir quelques-unes de ses religieuses pour le raccommoder. Elle s'offrit avec trois autres qu'elle nomma, pour y travailler; puis elles donnèrent toutes quatre leurs noms au notaire, en présence de toute la noblesse. M. le Légat fulmina excommunication majeure contre ceux qui le toucheraient, hors les quatre religieuses choisies.

Après cela, le prédicateur ordinaire de Son Altesse fit un beau sermon du Saint Suaire devant la grille du chœur, laquelle était toute ouverte ; le prédicateur était tourné du côté du peuple, et sur la fin du discours, il lut le Bref apostolique que Sa Sainteté avait envoyé à Son Altesse, par lequel il permettait aux pauvres filles de l'Observance de Sainte-Claire-dans-la-Ville de Chambéry de l'ajuster. La foule du peuple, qui était accourue pour voir cette précieuse Relique, était si grande qu'à peine pouvait-on se tourner.

Après la lecture du Bref, M. le Légat nous recommanda d'en avoir un soin très exact, et de prier Dieu qu'il nous fît la grâce de faire cette sainte action selon sa sainte volonté ; et nous ayant fait dire le *Confiteor*, il nous donna à toutes l'absolution ; et ils se retirèrent tous, à la réserve de M. le trésorier et de M. le chanoine Lambert, à qui Son Altesse avait particulièrement donné le soin du Saint Suaire.

L'après-dîner, le brodeur apporta le bois du toilier pour serrer la toile de Hollande sur laquelle on devait mettre le Saint Suaire ; après les deux heures que la toile fut arrêtée sur le toilier et sur les trefours, nous étendîmes dessus le précieux Saint Suaire, et nous le cousûmes tour à tour à faux filet.

Son Altesse vint, avec le Légat et plusieurs prélats, chanoines et gentilshommes, avant que nous eussions commencé de mettre les pièces des corporaux aux endroits où le feu l'avait gâté ; il nous demanda notre sentiment touchant cette relique ; mais nous suivîmes tous le sien, parce qu'il nous semblait le plus raisonnable.

Il y avait un si grand abord de monde à notre grille pendant qu'on travaillait, qu'on ne pouvait pas beaucoup faire ; ce qui obligea M. Audinet, maître d'hôtel de Son Altesse, de prier le chanoine Lambert de sortir souvent pour les faire retirer, outre les gardes qu'on avait mises pour empêcher les désordres.

Son Altesse ayant appris qu'il y avait si grande affluence de peuples qu'il n'y avait pas de jour qu'on n'y vît plus de mille personnes, cela l'obligea de prendre la clef de la grille, laquelle néanmoins il redonnait souvent à son maître d'hôtel pour satisfaire le saint désir d'un grand nombre de pèlerins qui venaient de Rome et de Jérusalem et de plusieurs autres pays éloignés. On leur montrait le Saint Suaire, avec plusieurs cierges allumés, pendant que nous chantions à genoux. Les peuples criaient à haute voix *miséricorde* avec des sentiments de dévotion qui ne se pouvaient pas exprimer ; et ils s'en retournaient extrêmement consolés, disant que c'était le même qu'ils avaient vu autrefois.

Dès le premier jour qu'on nous l'apporta, qui se trouva le jeudi seizième avril, on nous envoya, sur les sept à huit heures du soir, plusieurs gentilshommes, lesquels, après avoir salué la Révérende Mère et toute la Communauté, lui dirent qu'ils avaient ordre de poser des gardes devant notre grille pour veiller pendant la nuit devant le Saint Suaire ; et que, quoique Son Altesse se fiât à nous, il le faisait pour le respect qui était dû à ce sacré gage de notre Sauveur, et pour éviter toutes sortes d'accidents. Etant venus un grand nombre d'étrangers pour le voir, ils s'acquittèrent de leur commission et firent ouvrir le drap de la grille.

M. le Syndic amena aussi des personnes d'honneur pour veiller de même.

Nous tenions cependant toujours un grand cierge allumé dans un bassin devant la Relique, où assistaient toujours quatre des gardes, tenant des cierges allumés, se succédant les uns aux autres avec une si grande modestie qu'ils semblaient plutôt à des novices d'une Religion bien réformée qu'à des séculiers. Notre Mère Vicaire les remercia de ce qu'ils ne nous donnaient aucun empêchement, à laquelle ils répondirent que Son Altesse l'avait ainsi ordonné. Ils nous pressèrent à diverses fois de nous aller un peu reposer, à la réserve de trois ou quatre qui pourraient veiller autour de ce sacré dépôt; mais nous ne pouvions pas nous en séparer, et nous avions obtenu permission de notre Révérende Mère d'y demeurer tant que nous voudrions. Si quelques-unes se retiraient sur les dix ou onze heures, elles se levaient à minuit et assistaient toutes à Matines; les autres allaient seulement reposer de deux à quatre, et même plusieurs veillaient toute la nuit avec une satisfaction inconcevable.

Tous nos entretiens étaient avec Dieu; nous repassions la vue sur toutes les plaies sanglantes de son corps sacré dont les vestiges paraissaient sur ce Saint Suaire; il nous semblait que l'ouverture du sacré côté, comme la plus éloquente du cœur, nous disait incessamment ces paroles : *O vos omnes qui transitis per viam attendite et videte si est dolor similis sicut dolor meus.*

En effet, nous voyions, sur ce riche tableau, des souffrances qui ne se sauraient jamais imaginer. Nous y vîmes encore les traces d'une face toute plombée et toute meurtrie de coups, sa tête divine percée de grosses épines d'où sortaient des ruisseaux de sang qui coulaient sur son front et se divisaient en divers rameaux le revêtant de la plus précieuse pourpre du monde.

Nous remarquions, sur le côté gauche du front, une goutte plus grosse que les autres et plus longue, elle serpente en onde; les sourcils paraissaient bien formés; les yeux un peu moins; le nez, comme la partie la plus éminente du visage, est bien imprimé; la bouche est bien composée, elle est assez petite; les joues enflées et défigurées, montrent assez qu'elles ont été frappées cruellement, et particulièrement la droite; la barbe n'est ni trop longue, ni trop petite, à la façon des Nazaréens; on la voit rare en quelques endroits, parce qu'on l'avait arrachée en partie par mépris, et le sang avait collé le reste.

Puis nous vîmes une longue trace qui descendait sur le col, ce qui nous fit croire qu'il fut lié d'une chaine de fer en la prise au Jardin des Oliviers; car il se voit enflé en divers endroits comme ayant été tiré et secoué; les plombées et coups de fouets sont si fréquents sur son estomac qu'à peine y peut-on trouver une place de la grosseur d'une pointe d'épingle exempte de coups; elles se croisaient toutes et s'étendaient tout le long du corps, jusqu'à la plante des pieds; le gros amas de sang marque les ouvertures des pieds.

Du côté de la main gauche, laquelle est très bien marquée et croisée sur la droite dont elle couvre la blessure, les ouvertures des clous sont au milieu des mains longues et belles, d'où serpente un ruisseau de sang depuis les côtes jusqu'aux épaules ; les bras sont assez longs et beaux, ils sont en telle disposition qu'ils laissent la vue entière du ventre, cruellement déchiré de coups de fouets ; la plaie du divin côté parait d'une largeur suffisante à recevoir trois doigts, entourée d'une trace de sang large de quatre doigts, s'étrécissant d'en bas et longue d'environ un demi-pied.

Sur la seconde face de ce Saint Suaire qui représente le derrière du corps de notre Sauveur, on voit la nuque de la tête percée de longues et grosses épines, qui sont si fréquentes qu'on peut voir par là que la couronne était faite en chapeau, et non pas en cercle comme celles des princes et telle que les peintres la représentent ; lorsqu'on la considère attentivement, on voit la nuque plus tourmentée que le reste et les épines plus avant enfoncées, avec de grosses gouttes de sang conglutinées aux cheveux, qui sont tout sanglants ; les traces de sang sous la nuque sont plus grosses et plus visibles que les autres, à cause que les bâtons dont ils frappaient la couronne faisaient entrer les épines jusqu'au cerveau, en sorte qu'ayant reçu des blessures mortelles, c'était un miracle qu'il ne mourût pas sous les coups ; elles se rouvrirent aussi par la secousse de la croix lorsqu'on la mit dans son creux, et auparavant lorsqu'on le fit tomber sur la croix pour l'y clouer ; les épaules sont entièrement déchirées et moulues de coups de fouets qui s'étendent partout.

Les gouttes de sang paraissent larges comme des feuilles de marjolaine ; en plusieurs endroits, il y a de grosses cassures à cause des coups qu'on lui donna ; sur le milieu du corps, on remarque les vestiges de la chaine de fer qui le liait si étroitement à la colonne qu'il parait tout en sang ; la diversité des coups fait voir qu'ils se servirent de diverses sortes de fouets, comme de verges nouées d'épines, de cordes de fer qui le déchiraient si cruellement qu'en regardant par dessous le Suaire, lorsqu'il était étendu sur la toile de Hollande ou toilier, nous voyions les plaies comme si nous eussions regardé à travers une vitre.

Toutes les Sœurs le contemplèrent fort attentivement, avec une consolation qui ne se peut pas exprimer, et nous voyions par ces beaux vestiges comme véritablement il était le plus beau des enfants des hommes, conformément à la prophétie de David qui l'avait prédit dans un de ses psaumes.

Pendant les quinze jours que cette précieuse Relique resta dans notre couvent, nous ne pûmes trouver la commodité de nous confesser pour pouvoir nous approcher du Très Auguste Sacrement de l'autel et recevoir le Fils de Dieu, pendant que nous avions devant les yeux une partie de lui-même en son image peinte de son propre sang; nous nous confessâmes enfin au tournet, le lundi et le mardi (27 et 28 avril), et le mercredi, nous satisfîmes à notre dévotion.

Ce jour-là, Son Altesse devait venir voir en quel état le Saint Suaire était; mais, craignant de nous déranger, il différa jusqu'au lendemain matin (jeudi 30 avril), vers les sept heures, pour donner les ordres comme on l'envelopperait dans le taffetas violet; ce qu'ayant été fait, on nous apporta des tapisseries, outre celles que nous avions déjà. Et le (vendredi 1er mai), on tendit tout le dedans et le dehors, et puis il fut arrêté que le lendemain (samedi 2 mai), on le viendrait prendre. (La fête se célébrait le 4 mai, depuis l'année 1506.)

Ce jour-là, vinrent Messeigneurs l'Evêque de Belley et le Suffragant, et plusieurs autres prélats et d'autres ecclésiastiques et gentilshommes, lesquels regardèrent ce que nous avions travaillé et l'agréèrent; après, ils se levèrent pour nous le faire voir encore une fois; ensuite, ils le plièrent sur le rouleau avec un voile de soie rouge, et Monseigneur vint en procession tout comme lorsqu'on nous l'avait apporté, jusque entre les deux portes du couvent. Toutes les cloches de la ville sonnèrent, outre les trompettes et les autres symphonies. Pour lors, Messeigneurs les

Evêques couvrirent le Saint Suaire avec un drap d'or et l'emportèrent, et nous, nous commençâmes toutes à chanter l'hymne : *Jesus nostra Redemptio*. Nous avions toutes des cierges allumés. Avec toute la vénération possible, Messeigneurs les Evêques le remirent enfin à Son Altesse, qui les attendait entre les deux portes.

Il fut porté au Château en grande solennité, et nous demeurâmes pauvres orphelines de Celui qui nous avait si bénignement visitées par sa sainte image.

VII

En relisant les dernières lignes de ce touchant récit, je serais tenté, Messieurs, de redire comment notre ville de Chambéry est demeurée, elle aussi, pauvre orpheline de son Saint Suaire. Mais, ici encore, l'histoire ayant suffisamment parlé, je dois me borner à quelques notes, dont plusieurs sont inédites.

Emporté d'abord, en la guerre de 1536, à Turin, puis à Verceil et à Nice, enfin une seconde fois à Verceil dans la basilique de Saint-Eusèbe, où le chanoine Antoine Costa, savoyard (1), le sauva du pillage des troupes françaises commandées par le comte de Brissac, 20 novembre 1553, le Saint Suaire nous fut rendu par Emmanuel-Philibert en 1559. Mais, dès le mois de septembre 1578 et à l'occasion du pèlerinage entrepris à pied par saint Charles Borromée, qui avait fait vœu, lors de la peste de Milan, de le venir vénérer solennellement, il fut, sur les ordres du Duc, secrètement emporté pour toujours, à Turin, par un chanoine de la Sainte Chapelle et par le premier président du Sénat, Louis Milliet de Faverges.

Constatons, pour l'honneur des princes de la Maison de Savoie, qu'ils se montrèrent toujours très jaloux de la gloire du Saint Suaire. Pour nous borner à quelques traits, une médaille commémorative de sa translation à

____

(1) Bosio, *Alcune memorie sulla SS. Sindone.*

Turin fut frappée par Emmanuel-Philibert. Une chapelle fut érigée en son honneur, dans le Palais-Royal. C'est là que saint François de Sales l'alla vénérer à l'exposition solennelle de 1613, et qu'il le mouilla de ses larmes (1) ; là que sainte Jeanne-Françoise de Chantal obtint, en 1639, de Madame Royale, Chrétienne de France, la faveur réservée aux princes du sang de le contempler à découvert. En juin 1694, il fut transféré dans la chapelle monumentale qui avait été construite sur les dessins du P. théatin Guarino Guarini, entre le chevet de l'église métropolitaine et le Palais-Royal, au niveau du premier étage de celui-ci, chapelle que les rois Charles-Albert et Victor-Emmanuel II ont achevé de décorer en y faisant ériger les mausolées superbes de leurs ancêtres, Amédée VIII, Emmanuel-Philibert, Thomas, tige de la branche régnante Savoie-Carignan, Charles-Emmanuel II et de Marie-Adélaïde. Le Saint Suaire y est encore, dans une très belle châsse d'argent, au-dessus de l'autel, autour duquel brûlent continuellement quatre lampes magnifiques.

L'autel est de marbre noir. Construit en forme de sarcophage, sur une large base, d'après le plan de Bertola, il présente deux faces opposées qui en font comme un double autel regardant l'un le Palais-Royal, l'autre, c'està-dire l'autel antérieur, la Métropole ; c'est sur ce double autel que se trouve la châsse du Saint Suaire.

Elle est renfermée dans un tombeau de marbre, de forme quadrangulaire, dont les panneaux évidés sont

____

(1) *Lettre* 297 à la mère de Chantal, 4 mai 1614.

remplacés par des glaces montées sur des châssis fixés sur le rebord extérieur de la corniche de l'édicule.

Mais, avant d'arriver à elle, il faut passer comme à travers une triple enceinte de fer qui la protège de tous les côtés et qui montre l'estime des princes de Savoie pour leur trésor.

D'abord, une grille de fer doré dont les barreaux épais de 2 centimètres se croisent à tous les décimètres. Scellée intérieurement à la grande corniche du tombeau, elle s'ouvre du côté du Palais-Royal, à deux battants, au moyen d'une serrure à deux clefs engagée dans la partie inférieure.

Puis, à 20 centimètres plus avant dans le sens de la profondeur, une seconde grille pareille à la première, posée sur des modillons de bois doré, à barreaux d'une force supérieure à un peu plus d'un centimètre. Elle est recouverte de voiles de soie représentant, sur les grands côtés, l'image du Saint Suaire, et sur les petits, des emblèmes de la Passion. Trois serrures placées vers le sommet de la partie antérieure la ferment ; les clefs en sont gardées par le Ministre de la Maison Royale. Elle s'ouvre également du côté du Palais-Royal, la partie postérieure pouvant s'abaisser tout d'une pièce et prendre la position horizontale.

Enfin, plus avant encore, une châsse faite de plaques de fer revêtues, tant à l'intérieur qu'à l'extérieur, d'étoffes en drap d'argent avec des reliefs en velours cramoisi. Cette châsse n'a pas de serrure, mais de simples crochets qui permettent d'abaisser dans la position horizontale un de ses panneaux, et d'en retirer la châsse gardienne immédiate de la précieuse Relique.

Cette châsse, ou reliquaire, est un magnifique ouvrage d'orfèvrerie, probablement du xvɪe siècle, et de la date du retour du Saint Suaire de Verceil à Chambéry. Elle mesure 1ᵐ51 de long sur 38 centimètres de large, et à peu près autant de haut. Elle est en argent ciselé, enrichie d'ornements de très bon goût, tels que : têtes d'anges dorées, semis de fleurs émaillées de diverses couleurs, bouquets de petites roses faites de grenades et d'autres pierres précieuses.

Au milieu de ces ornements et sur les quatre flancs de la châsse, sont des écussons d'argent de forme ovale, au nombre de seize, sept sur chacun des grands côtés, un sur chacun des petits. Chacun de ces écussons représente en bas-relief un instrument de la Passion. Ils paraissent d'une époque postérieure à la châsse, probablement du règne de Victor-Amédée II. Peut-être ont-ils succédé à d'autres écussons plus anciens, ou plus vraisemblablement ont-ils été mis pour remplacer des pierres précieuses qui en auront été enlevées. Le couvercle est plat, revêtu d'une étoffe de soie blanche à fleurs d'or. L'intérieur est doublé de bois recouvert de toile d'or avec galons d'argent.

Le Saint Suaire que cette châsse a mission de conserver est de fin lin. Il a 4ᵐ10 de longueur sur 1ᵐ40 de largeur. La figure du corps du Christ a, d'une extrémité à l'autre, dans sa plus grande longueur, 1ᵐ78, ce qui donne à peu près la taille de Notre-Sauveur. Ces mesures ont été prises, avec une exactitude scrupuleuse, lors de la dernière exposition de 1868, par Mgr Gastaldi, alors évêque de Saluces, depuis archevêque de Turin, délégué par le Roi pour présider à cette solennité. Elles ont été reproduites sur la chromo-lithographie du Saint Suaire qui fut publiée en 1873 par les soins et aux frais du clergé turinais.

Le Sacré Linceul est lui-même roulé avec ses deux enveloppes sur des coussinets brodés, et lié, comme la châsse, par un ruban revêtu des sceaux royaux.

La chapelle, royalement dotée, est desservie par quatre chapelains, dont l'un porte le titre de Custode du Saint Suaire (1).

VIII

Les princes de Savoie ne mirent pas moins de zèle à développer parmi leurs sujets le culte du Saint Suaire. Un office *Sacratissimæ Sindonis*, avec leçons propres pour l'octave, approuvé par Clément VIII, fut donné au clergé de Turin par son archevêque, Mgr Charles Brolia, dès le 22 avril 1596. Je possède un exemplaire de cet office imprimé en 1637 et 1638, à Chambéry, par Geoffroy Dufour (2), ce qui montrerait que le clergé

(1) Ces renseignements descriptifs, à l'exception de ceux qui regardent la châsse d'argent, m'ont été communiqués par Mgr Antonielli, chancelier de la Chapelle royale de Turin, à la gracieuse obligeance duquel je me fais un devoir d'offrir ici l'hommage de ma respectueuse reconnaissance.

Voir aussi Bosio. — *Alcune memorie*, etc.

(2) *Officium Sacratissimæ Sindonis cum officiis sanctorum Rochi Grati, Mauricii et Leodegarii. Camberii ex typographia Geoffredi Dvfovr, typographi et bibliopolæ S. A. R.* — *M.DC.XXXVIII.* In-8° carré, 96 pages.

Pour la bibliographie de l'office du Saint Suaire, voir l'*His-*

de Savoie l'avait adopté. Antérieurement déjà, les papes Jules II, sur la demande du duc Charles III ayant pour postulateur Mgr de Gorrevod, Léon X, Grégoire VIII et Sixte V, avaient successivement accordé d'abord à Chambéry, puis à la Savoie et enfin à tous les Etats des Ducs deçà et delà les monts, le culte du Saint Suaire avec fête au 4 mai, messe et office propres (1). L'office était du rite double sous Sixte V, double avec octave sous Clément VIII, double de seconde classe avec octave sous Clément XI, décret du 11 août 1713. Le décret du 21 mars 1727 y avait ajouté un office votif *ad libitum* pour tous les vendredis libres, faveur dont on a usé jusqu'en 1858.

Au commencement de ce siècle, entre 1825 et 30, l'office du 4 mai fut élevé au rite double de première classe avec octave, et maintenu à cet honneur dans toute la Savoie jusqu'à l'année 1878 inclusivement. A partir de 1879, il fut réduit, en même temps que l'office de la translation de saint Maurice martyr, 15 janvier, au rite double majeur sans octave, dans les diocèses de Chambéry et Tarentaise, en vertu d'un Indult du 4 avril 1878,

---

toire de l'Imprimérie en Savoie, par Dufour et Rabut, et encore le *Bréviaire de Tarentaise* imprimé à Lyon en 1519, contenant, à la date du 4 mai : *Officium Sancte Sindonis D. N. J. C. vulgariter Sudarium nuncupate*, en caractères gothiques. Ce bréviaire, aujourd'hui propriété de M. le chanoine Ducis, lui est venu de l'un de ses parents, André Ducis, curé de Hauteluce, et parrain en 1632 d'André Ducis, notaire, qui épousa Marie-Antoinette de Granier.

(1) BENOÎT XIV. *De beatificatione et canonizatione*, lib. IV, part. II, cap. XXX, n° 17.

et dans le diocèse de Saint-Jean de Maurienne, en vertu de l'indult du 24 septembre même année. Annecy, qui avait dans l'histoire de sa ville épiscopale, et celle de saint François de Sales, des souvenirs touchants du Saint Suaire (1), alla plus loin. Le nouveau supplément du diocèse, approuvé par décret du 22 août 1877, et imprimé en 1878, ne contient aucun autre office du Saint Suaire que celui de la férie vie après le second dimanche de Carême. Il a donc supprimé de son calendrier la fête du 4 mai.

IX

D'autre part, les princes de la Maison de Savoie conservèrent l'habitude d'exposer le Saint Suaire à la vénéraration publique à l'occasion des grandes fêtes du royaume. On le recouvrit plusieurs fois, en ces circonstances. de pièces de soie destinées à le protéger. Le 26 juin 1694, quand il fut décidé de remplacer les voiles anciens, le duc Victor-Amédée II et son épouse, Anne d'Orléans, confièrent ce soin au B. Sébastien Valfré, de l'Oratoire de Turin, qui jouissait alors déjà de la réputation de sainteté. Celui-ci s'acquitta de son pieux travail en présence des souverains, qui voulurent y assister par dévotion. Il étendit sur la face supérieure du Sacré Linceul une pièce de soie rouge, et fixa sous la face inférieure une pièce de soie noire qu'il cousut sur l'ourlet. Nous possédons un fragment de chacun de ces voiles qui nous ont été gracieuse-

---

(1) Ducis, *Le Saint Suaire à Annecy et la naissance de saint François de Sales*. Annecy, 1883.

ment offerts par Mgr Valerio Anzino, grand aumônier de S. M. le roi d'Italie. Ils sont attachés par de la cire scellée des armes de Savoie à des authentiques signés du chancelier de la chapelle royale, M. le chanoine M. Antonielli, et accompagné d'une oraison indulgenciée de quatrevingts jours en l'honneur du Saint Suaire.

Authentique du fragment de soie rouge.

Ritaglio della seta rossa che coprì in tutta la sua lunghezza la SS. Sindone in cui fu avvolto il corpo di N. S. G. C. nel sepolcro ed ebbe contatto immediato colla preziosa reliquia dal 26 Giugno 1694 al 28 Aprile 1868.
Torino 17 Dicembre 1890.

Il Cappellano di Sua Maestà
Cancelliere della R. Cappella,

Can^{co} M. ANTONIELLI.

Authentique du fragment de soie noire.

Ritaglio della seta nera che foderava la SS Sindone, in cui fu avvolto il corpo di N. S. G. C. nel sepolcro, cucita già alla medesima dal Beato Sebastiano Valfrè il 26 Giugno 1694, staccata poi da S. A. I. la Principessa Maria Clotilde di Savoia, consorte al Principe Napoleone, la quale genuflessa ve ne cucì un'altra di seta rossa addi 28 Aprile 1868.
Torino 17 Dicembre 1890.

Il Cappellano di Sua Maestà
Cancelliere della R. Cappella,

Can^{co} M. ANTONIELLI.

Les deux authentiques se terminent par l'oraison suivante, en l'honneur du Saint Suaire :

Signore che nella SS. Sindone, entro la quale il vostro Corpo adorabile deposto dalla croce venne ravvolto, lasciaste le traccie della vostra presenza quaggiù, e pegni non dubbi del vostro amore, deh! per lo merito della vostra santa Passione, ed in riguardo di questo venerabil lino, che servi alla vostra sepoltura, fateci grazia che nel giorno della risurrezione siamo noi fatti consorti di quella gloria, nella quale voi regnerete eternamente. Cosi sia.

Si accordano 80 giorni d'indulgenza a chi reciterà
la presente orazione.

† Alessandro Arciv.

Dans ce siècle, le principe ayant prévalu de n'exposer le Saint Suaire qu'à l'occasion du mariage de l'héritier présomptif de la couronne, les expositions publiques furent rares. On en compte quatre seulement : celle du 21 mai 1815, faite en l'honneur et en la présence de Pie VII remontant de la prison de Fontainebleau sur le trône de Saint-Pierre à Rome ; celle du 4 janvier 1822, pour l'avènement de Charles-Félix, à laquelle assista Mgr Bigex, alors évêque de Pignerol ; celle du 4 mai 1842, pour les noces du duc de Savoie, Victor-Emmanuel II, avec l'archiduchesse Marie-Adélaïde d'Autriche, à laquelle assista Mgr Charvaz, alors évêque de Pignerol ; enfin celle de 1868, à l'occasion du mariage du prince Humbert avec la princesse Marguerite.

Cette dernière exposition publique dura quatre jours, les 24, 25, 26 et 27 avril. Elle détermina un pèlerinage énorme. La foule accourue pour ce jour fut certainement supérieure à celle qu'avaient amenée à Turin les fêtes du mariage. L'adoration de la Sainte Relique ne fut pas interrompue, même la nuit ; et le premier à lui rendre ses pieux hommages fut le Roi. A l'exemple de ses ancêtres, Victor-Emmanuel II vint baiser à genoux le Saint Suaire, trésor et gloire de sa Maison, comme le chante la sacrée liturgie : *o felix domus Sabaudiæ quæ tanto pignore ditata, sacro hoc munere gloriatur.* Il fut imité par les membres de la famille royale, Leurs Altesses le prince de Piémont Humbert, le duc d'Aoste Amédée, le prince de Carignau, la reine de Portugal, la princesse Clotilde, épouse du prince Napoléon, la princesse Marguerite, les duchesses d'Aoste et de Gênes.

Mais la princesse Clotilde surpassa la piété de tous. Ayant constaté l'état de vétusté des voiles qui servaient d'enveloppe immédiate au Saint Suaire, elle ne voulut laisser à personne qu'à elle-même le soin de les changer. Le 28 avril, à 6 heures du matin, avant que le sacré Linceul ne fût définitivement renfermé dans sa châsse d'argent ,après avoir assisté à la messe et communié, elle le fit déployer devant elle, enleva le voile noir qu'avait cousu le B. Sébastien Valfré, en 1694, sur la face inférieure et le remplaça par une autre en taffetas cramoisi qu'elle cousut également sur l'ourlet. Elle remplaça de même le voile rouge libre destiné à protéger la partie supérieure. Le travail dura plus de deux heures . La princesse le fit à genoux, comme le B. Valfré, à la grande édification des assistants, émus et fiers tout ensemble de rencontrer, à dix-neuf siècles de distance, dans le même acte de foi, l'illustre descendante des princes de Savoie et les saintes femmes de l'Evangile.

X

Cependant, si le Saint Suaire, après lui avoir été enlevé, n'a pas laissé que d'être entouré d'une juste et royale vénération, la ville de Chambéry n'en demeure pas moins privée sans retour.

Longtemps après son départ, les religieuses populations de la Savoie redirent les faveurs signalées qu'elles en avaient obtenues. Pingon et Chifflet consignèrent dans leurs écrits les guérisons plus prodigieuses de muets, d'aveugles, de possédés, etc., qui eurent lieu en la Sainte Chapelle. En 1664, on voyait encore, parmi les *ex-voto* de cette chapelle, un tableau représentant la guérison, en 1533, d'une jeune paralytique de Chambéry, nommée Fusine, fille de Guillaume.

Le souvenir de ces faveurs, les fêtes annuelles de l'Eglise, et les pèlerinages de Turin entretenaient la dévotion et faisaient attacher un plus grand prix aux Reliques du Saint Suaire que possèdaient certaines églises, petites pièces détachées du Saint Linceul, problablement lors de la réparation de 1534, que je viens de rapporter.

La Sainte Chapelle en possédait deux qui figurent dans l'inventaire que cite M. de Jussieu, et qu'il rattache à l'année 1753. L'église de Saint-Jean de Maurienne en avait un fragment, mentionné sous le n° 19 dans le tableau des vingt-quatre Reliques qui étaient exposées chaque année avant la Révolution. (Arch. épiscopales.)

Aujourd'hui, faute de pouvoir s'instruire des antiquités pieuses de la Savoie, dans un musée spécial d'archéologie chrétienne, qu'il ne serait pourtant pas difficile de créer, bien peu de nos compatriotes se font une idée nette du Saint Suaire de Chambéry. A peine en reste-t-il une image dans quelques anciennes familles de notre ville. J'en ai découvert une fort belle, peinte sur soie, 0,46 sur 0,27, chez Mme Terpand, négociante. Signalons aussi le fac-similé, également sur soie, qui appartient à l'église de Notre-Dame. Il est appendu dans un cadre de bois, au mur du vestiaire des enfants de chœur, et mesure $1^m 44$ de longueur sur 0,60 de largeur. L'empreinte du corps est longue de 0,64 et large de 20.

Qu'il me soit permis, en terminant, d'exprimer le souhait que, pour l'honneur de notre ville, on place en la Sainte Chapelle du Château, dont les murs dénudés contrastent étrangement avec la richesse de son architecture, un fac-similé authentique et assez grand de la Relique insigne qui en fit jadis la gloire, en y attirant les pèlerins de la Savoie entière et des pays circonvoisins.

Par là, d'une part, on renouerait les traditions des siècles passés. Car on lit dans M. de Jussieu, ouvrage cité, document 13, que la Sainte Chapelle possédait, à la Révolution, *une copie du Saint Suaire tiré en raccourci, sur l'original, par ordre de Madame Royale, qui l'a donnée en 1643.*

D'autre part, le touriste aurait une attraction moins vague pour ce monument historique ; il se rappellerait plus nettement que la Sainte Chapelle du Château de Chambéry eut l'honneur d'abriter de longues années, à l'ombre de ses riches verrières, le Linceul Sacré dont les princes de Savoie avaient fait le palladium de leurs personnes et de leurs armées.

TABLE DES MATIÈRES

Communication faite au onzième Congrès des Sociétés savantes Savoisiennes, tenu à Chambéry en 1890.

DU MÊME AUTEUR

Révérend J.-L. Simond, archiprêtre-curé de Rumilly. — Annecy, 1876.

Notes historiques sur saint François de Sales. — Annecy, 1881.

La Révérende Mère Marie-Félicité Veyrat, Supérieure Générale des Sœurs de Saint-Joseph de Chambéry. — Chambéry, 1886. 3ᵉ Edition.

Le Très-Saint Sacrement et les Religieuses de Saint-Joseph. Abbeville, 1886.

La Chasuble des Saints de Savoie et les Noces d'Or de Sa Sainteté Léon XIII. — Chambéry, 1887.

Le Calice des Noces d'Or de S. S. Léon XIII, offert par les Enfants de Marie de Saint-Joseph de Chambéry. — Chambéry, 1887.

Le Bienheureux Jean-Baptiste de la Salle. — Panégyrique prononcé dans la Basilique Métropolitaine de Chambéry le 12 juin 1888. — Montreuil-sur-Mer, 1889.

Glanes Rumilliennes, soit *Etudes historiques sur Rumilly (Haute-Savoie).* — Rumilly, 1889.

Compte Rendu de la Salle d'Asile de Chambéry, Œuvre de la Congrégation des Dames de Marie.— Années 1884, 1885. 1886, 1889.

Les Corps Saints de la Chapelle des Sœurs de Saint-Joseph de Chambéry. — Chambéry, 1890.